Das internationale Privatrecht

Systematische Darstellung

von

Dr. jur. Ludwig Beer

Professor des internationalen Rechts
an der Universität Leipzig

Leipzig
G. J. Göschen'sche Verlagshandlung
1910

Das internationale Privatrecht

Systematische Darstellung

von

Dr. jur. Ludwig Beer
Professor des internationalen Rechts
an der Universität Leipzig

Leipzig
G. J. Göschen'sche Verlagshandlung
1910

Druck von Oscar Brandstetter in Leipzig.

I. Buch.

Die allgemeinen Lehren.

§ 1. Wesen, Begriff und Bezeichnung des internationalen Privatrechts.

I. Wesen des internationalen Privatrechts.

a) Die räumliche und persönliche Beschränkung der Gesetze.

Das Recht ist ein soziales Gebilde, die Rechtswissenschaft eine Sozialwissenschaft. Das Recht steht in einem genetischen und funktionellen Zusammenhang mit der menschlichen Gemeinschaft, ohne deren Organisation kein Recht entsteht und deren Erhaltung und Steigerung der Zweck des Rechtes ist. Den Bedürfnissen der Gemeinschaft muß das Recht angepaßt sein, ihren Bedürfnissen muß das Recht folgen, mit ihrer Änderung muß auch das Recht sich ändern.

Diese Anpassung des Rechtes an die Gemeinschaft vollzieht sich zunächst innerhalb des Gemeinschaftsorganismus, innerhalb des Staatswesens. Der Staat ist Selbstzweck. Er treibt seine eigene Wirtschaftspolitik, seine eigene Rechtspolitik. Seine Rechtsvorschriften zeigen eine national-egoistische Tendenz, eine selbstverständliche Folge des Staatszweckes und der Staatsgewalt. Die Gesetze sind in Hinblick auf das eigene Staatsgebiet und die eigenen Staatsangehörigen gedacht und erlassen. Sie zeigen den Inhalt, der dem Gesetzgeber zunächst in Rücksicht auf seinen Staat und seine Staatsgenossen der sachlich richtige, der dem Wesen der Rechtsverhältnisse entsprechende erscheint. Die Gesetze sind national und territorial, in ihnen liegt eine personale und reale Beschränkung, sie sind Inlandsrecht und Inländerrecht, wollen nur und immer im Inlande angewendet sein und nur auf die Inländer, die im Inlande befindlichen Gegenstände und im Inlande sich vollziehenden Tatsachen.

b) Der internationale Verkehr und die Berücksichtigung internationaler Rechtsverhältnisse.

Diese Rechtsbeschränkung bot keine besonderen Schwierigkeiten in den Zeiten primitiver Wirtschaft, als die organisierten Menschengemeinschaften in strenger Abgeschlossenheit unter sich ihre Bedürfnisse befriedigten, als ein friedlicher Verkehr, ein Güteraustausch mit anderen Gemeinschaften fehlte, als man in dem Fremden den Feind sah.

Wachsende Bedürfnisse führten von der abgeschlossenen Agrarwirtschaft zur Verbindung mit fremden Völkern und ihren Angehörigen, führten zur internationalen Verkehrswirtschaft, zum freien Weltverkehr, der auf der Grundlage der modernen Verkehrsmittel und der Freizügigkeit eine internationale Weltwirtschaft erzeugte.[1]) Der Inländer geht ins Ausland, der Ausländer gelangt ins Inland, zwischen Personen und Sachen des Inlandes und Auslandes werden Verhältnisse geknüpft, welche persönliche oder räumliche Beziehungen zu dem Rechte des einen oder anderen Staates, vielfach sogar zu mehreren Staaten, in sich tragen. Einige Beispiele mögen zur Veranschaulichung derartiger internationalistischer Rechtsverhältnisse dienen.

Ein Afrikaner kommt mit seinem Sklaven nach Deutschland, der Sklave entläuft ihm und vor dem deutschen Richter macht er sein Eigentumsrecht am Sklaven geltend. Darf und muß der deutsche Richter der Eigentumsklage des Afrikaners Raum geben, oder hat er auf das Rechtsverhältnis zwischen Herrn und Sklaven sein, das deutsche Recht, anzuwenden, muß er Rechte und Pflichten der streitenden Parteien nach den Bestimmungen über den Dienstvertrag beurteilen?

Ein Holländer von 22 Jahren hat in Holland einen Kaufvertrag mit einem Deutschen abgeschlossen und wird in Deutschland, dessen Gericht als Gerichtsstand des Erfüllungsortes zuständig ist, verklagt. Nach holländischem Recht tritt die Geschäftsfähigkeit erst mit vollendetem 23. Lebensjahre ein. Hat der deutsche Richter die nach holländischem Rechte mangelnde Geschäftsfähigkeit zu berücksichtigen oder muß er den Holländer gemäß § 3 des deutschen Bürgerlichen Gesetzbuchs als großjährig behandeln und verurteilen?

Ein Russe macht gegen einen in Deutschland ansässigen Österreicher eine Forderung geltend, die ihm, dem Russen, in Rußland von einem Franzosen übertragen worden ist. Ist die

---

[1]) Vgl. Alfred H. Fried: „Das internationale Leben der Gegenwart", Leipzig, Teubner. Ich erinnere auch an ein Wort des Präsidenten Roosevelt: „Die Flutwelle des Internationalismus strömte über die ganze Erde."

Rechtsgültigkeit der Zession nach deutschem Rechte zu beurteilen, oder ist etwa die denunciatio des österreichischen Rechtes und die notarielle Form des russischen Rechtes zur Wirksamkeit der Übertragung erforderlich?

Ein Franzose macht gegenüber einem Italiener in Deutschland sein Eigentum an einer beweglichen Sache geltend, die der Italiener in seinem Heimatlande 3 Jahre und auch später in Frankreich noch 2 Jahre in gutgläubigem Besitz hatte. Ist die Ersitzungszeit vom deutschen Richter nach deutschem Rechte auf 10 Jahre zu bemessen oder genügt die dreijährige italienische oder fünfjährige französische Ersitzungszeit zum Eigentumserwerb?

Ein deutscher Bräutigam läßt sich mit seiner französischen Braut in Amerika trauen, nimmt dort sein Domizil und erwirbt die amerikanische Staatsangehörigkeit. Ist die Rechtsgültigkeit der Ehe, das Verhältnis der Ehegatten untereinander, das Verhältnis der Eltern zu den Kindern nach deutschem Rechte zu beurteilen? Sind die familienrechtlichen Verhältnisse ausländischer Ehegatten, welche ein deutsches Gericht angehen, nach deutschem Rechte zu beurteilen?

Ein französisches Ehepaar hat in Frankreich ein Testament gemacht, der Ehemann stirbt, als er seinen Wohnsitz nach Deutschland verlegt hat. Ist die Rechtsgültigkeit des Testaments, die Erbfolge nach deutschem Rechte zu beurteilen?

In alle den vorstehend gegebenen Beispielen enthält der reale Tatbestand tatsächliche oder persönliche Momente, die eine Beziehung zu einem ausländischen Staatsgebiet und damit auch zu dem Rechte dieses Staatsgebietes aufweisen. Eine besondere Beziehung zum deutschen Rechte lag in der gerichtlichen Geltendmachung der auf dem Rechtsverhältnisse mit den internationalen Beziehungen sich aufbauenden Ansprüche.

Die Zuständigkeit der deutschen Gerichte ergab sich aus mehr oder weniger zufälligen Umständen, dem deutschen Domizil des Ausländers, dem deutschen Erfüllungsort usw. Hätten die betreffenden Personen in einem Auslandstaat ihr Domizil gehabt, wäre ein ausländischer Erfüllungsort verabredet worden und wäre durch diese Umstände das Gericht eines Auslandstaates um seinen Rechtsschutz angegangen worden, so würde für den Richter dieses Auslandstaates bezüglich der Anwendung seines Auslandrechtes sich die gleiche Lage ergeben wie in den obigen Beispielen für den deutschen Richter. Wenn also jeweils der Richter nur sein territoriales Recht zur Geltung brächte, wenn z. B. der holländische Richter die Voraussetzungen und Wirkungen der Geschäftsfähigkeit nach holländischem, der deutsche Richter in gleichem Falle sie nach deutschem Rechte bemäße, so wäre das Schicksal, die Gestaltung der Rechtsverhältnisse von dem mehr oder weniger zufälligen Umstand abhängig, bei welchem Gerichte ein Rechtsverhältnis zur Beurteilung gelangte.

c) Grund der Berücksichtigung fremder Gesetze.

Eine solche Rechtsunsicherheit würde dem internationalen Rechtsverkehr das Vertrauen rauben, würde ihn vernichten.

Darum ist es eine Pflicht für jeden Staat, den einem Rechtsverhältnisse infolge seiner realen oder personalen Beziehungen zu einem anderen Staate von der Rechtsordnung des letzteren aufgeprägten Charakter zu berücksichtigen, das Rechtsverhältnis gewissermaßen mit diesem Charakter in den Bereich seiner Rechtsordnung und Rechtspflege übertreten zu lassen. Er erfüllt diese Pflicht, indem er auf das Rechtsverhältnis mit den ausländischen Beziehungen ausländisches Recht anwendet, nach Maßgabe der materiellen Bestimmungen des Auslandrechts die Rechtswirkungen des Tatbestandes beurteilt.

d) Völkercourtoisie.

Wer legt ihm diese Pflicht auf?

Man hat geleugnet, daß eine derartige Pflicht überhaupt bestehe. Denn die Staatsgewalt, die Souveränität als Trägerin der Rechtsordnung sei territorial beschränkt, mithin auch die Geltung der Gesetze, die ein Ausfluß der Staatsgewalt seien. Zwar erheische der Verkehr von Staat zu Staat, das Interesse der Staatsangehörigen die Anwendung fremden Rechts, aber ihre Zulassung beruhe lediglich auf dem guten Willen, der Courtoisie des Gesetzgebers und sei nur in dem Umfang geboten, als sie zum Vorteil der eigenen Staatsangehörigen gereiche. Man nennt diese Anschauung: die Theorie der Comitas gentium oder Courtoisie internationale.[1])

e) Völkerrechtliche Pflicht.

Im direkten Gegensatze zu dieser Theorie steht die Auffassung der sog. Internationalisten.[2])

---

[1]) Argentraeus schaffte dieser feudalistischen Lehre namentlich in Holland Eingang. Vgl. P. Voet, „De statutis corumque concursu, 1663. Vgl. Meili, „Die Hauptfragen des internationalen Privatrechts“, S. 15. Die englisch-amerikanische Jurisprudenz hält heute noch an der Idee fest. Phillimore benennt den IV. Teil seines „Commentaries upon International Law“ „Priv. intern. Law or Comity“. 3. Auflage 1880. Vgl. gegen diese Auffassung Despagnet, „Préeis de Droit International Privé“. S. 23, 213 ff.

[2]) Vgl. die Aufzählung bei Kahn, Gesetzeskollisionen S. 4 und die eingehende kritische Erörterung von Politis im Journal 1908, S. 409 ff. Auch Bernard, Principes de droit international privé im Journal 1904, S. 778 ff.

Sie halten die Anerkennung und Anwendung fremden Rechts für eine völkerrechtliche Pflicht und leiten sogar Art und Umfang dieser Anwendung aus völkerrechtlichen Grundsätzen ab, stempeln den nationalen Gesetzgeber, der positiv eine Anwendungsnorm aufstelle, lediglich zum „Définiteur" des durch das internationale Rechtsideal gegebenen Rechts.[1])

Der richtige Weg liegt in der Mitte zwischen diesen beiden extremen Anschauungen.

Das bedarf näherer Ausführung.

f) Gemeinsame Grundlage des internationalen Privatrechts und des Völkerrechts.

Es ist oben schon hervorgehoben worden, daß wirtschaftliche Bedürfnisse die Völker und Volksgenossen zu gegenseitigem Anschluß und Verkehr veranlaßten. Die so entstandenen tatsächlichen Beziehungen der Völker schufen eine Gemeinschaft der Interessen, eine Interessengemeinschaft, deren Träger die Gesamtheit der Staaten ist. Die Staaten vereinigten sich zu einer Art genossenschaftlicher Organisation. Die Möglichkeit einer solchen Organisation ist nur vorhanden, wenn die einzelnen Staaten ihre Gleichberechtigung anerkennen. Der Zusammenschluß kann nur erfolgen bei gegenseitiger Anerkennung der Souveränität der einzelnen Staaten. Andererseits mußte die Anerkennung der internationalen Gemeinschaft zu einer Anpassung der Gemeinschaftsglieder an den Gemeinschaftszweck führen, zu einem bestimmten Verhalten, geregelt durch Verhaltensvorschriften, Normen, deren Quell der Wille der völkerrechtlichen Gemeinschaft ist.

Die Summe dieser Normen bildet das Völkerrecht.[2])

Eine Voraussetzung völkerrechtlicher Organisationen und damit auch eine Voraussetzung des Völkerrechts selbst bildet also die Anerkennung der gegenseitigen Souveränität. Diese erhält ihren prägnanten Willensausdruck durch die Gesetze. Mithin ist auch die Einwirkung der Gesetze auf die Rechtsverhältnisse der Privatpersonen eine mittelbare Folge der Souveränität des Staates. Darum liegt es in der Natur der völkerrechtlichen Gemeinschaft, daß jeder Genosse dieser Gemeinschaft, d. h. jeder zu ihr gehörige Staat, die Gesetze der zum Völkerverbande gehörigen anderen Staaten und die Wirkungen dieser Staatsgesetze nicht grundsätzlich ignorieren darf.

---

[1]) Vgl. insbesondere das Werk von Pillet „Principes de droit international privé." Dazu die kritische Analyse von Niemeyer in der Z. 14, S. 558.

[2]) Vgl. neuerdings die Ausführungen Geffkens über das Völkerrechtssystem in „Das Gesamtinteresse als Grundlage des Staats- und Völkerrechts", insbesondere S. 30 ff.

Insoweit stehen also das Völkerrecht und die in der Anerkennung fremden Rechts beruhende Beschränkung der Souveränität auf derselben Grundlage.[1])

Diesem Gedanken gibt Liszt[2]) in folgender Betrachtung Ausdruck: „Die ausnahmslose Anwendung des inländischen Rechts auf alle zur Beurteilung der nationalen Behörden gelangenden Rechtsverhältnisse, also die uneingeschränkte Durchführung des Territorialprinzips würde im Widerspruch stehen zu dem Grundgedanken des Völkerrechts selbst: zu der Anerkennung der Gleichberechtigung aller Mitglieder der Völkerrechtsgemeinschaft und der Machtkreise.“[3])

Mit dem dargelegten Grundsatz ist nicht etwa gesagt, daß die Verpflichtung zur Berücksichtigung fremden Rechtes selbst auf einem völkerrechtlichen Imperativ beruhe, eine völkerrechtliche Norm sei.

g) Trennung von den Normen des Völkerrechts.

Jedoch ist, namentlich in der Literatur des Auslandes, die Ansicht vielfach vertreten, daß es völkerrechtliche Grundsätze über Art und Umfang der Berücksichtigung fremden Rechts gebe.

Dieser Ansicht kann nicht beigetreten werden.

Das Völkerrecht wendet sich mit seinen Normen an den Staat als politischen Organismus. An diese Normen sind jedoch die staatlichen Organe, insbesondere also die Gerichte, erst dann und nur dann gebunden, wenn der Staat einen der Völkerrechtsnorm entsprechenden innerstaatlichen Befehl erteilt, das internationale Recht in den Entstehungsformen des nationalen Rechtes seinen Rechtspflegeorganen vermittelt. So ist z. B. die Exterritorialität der Gesandtschaften ein völkerrechtliches Prinzip, d. h. der Gesandte eines ausländischen Staates (des Absendestaates) ist befreit von der Staatsgewalt des Staates, in dem er als Vertreter der Souveränität seines Staates tätig ist (Empfangstaat). Entsprechend diesem Rechtssatz des Völkerrechts bestimmt das deutsche Gerichtsverfassungsgesetz in §§ 18, 19 ausdrücklich, daß die inländische Gerichtsbarkeit sich nicht erstreckt auf die Chefs und Mitglieder der bei dem Deutschen Reiche beglaubigten Missionen.

Der völkerrechtlich-internationale Grundsatz gilt also im Inlande als nationale Vorschrift.

---

[1]) Vgl. meine Auseinandersetzungen im Archiv f. öffentl. Recht, Bd. 23, S. 507/8. Ich befinde mich in Übereinstimmung mit G. Streit, dessen griechisches „System des internationalen Privatrechts“ schon wegen seines dogmatischen und historischen Teils eine internationale Bedeutung hat.

[2]) Völkerrecht, S. 71.

[3]) Ähnlich Ullmann, Völkerrecht, S. 9 ff.

Geradeso verhält es sich mit der Geltung der Prinzipien über die Anwendung ausländischer Gesetze im Inlande. Auch sie können für die Rechtspflege nur mittelbar durch die innerstaatliche Gesetzgebung Verbindlichkeit erlangen. Nur ist zu berücksichtigen — jedoch vielfach nicht genug berücksichtigt worden —, daß bei der Feststellung und Ergänzung des Inhalts der nationalen Gesetzgebung übereinstimmende Ansichten in Thoorie und Praxis namentlich in den Rechtsmaterien eine besondere Bedeutung gewinnen, deren positive Regelung Lücken aufweist. Wenn also in der Theorie und Praxis der Mehrzahl der zur völkerrechtlichen Gemeinschaft gehörigen Staaten sich ein Grundsatz über die Anwendung fremden Rechts ausgebildet hat, so kann der Inhalt dieses Grundsatzes als gewohnheitsrechtlicher Satz der nationalen Rechtsordnung angesehen werden. Sein Geltungsgrund ist und bleibt auch in diesem Falle die innerstaatliche Gewohnheit, der Rechtssatz selbst bleibt nationaler Gesetzesinhalt, gehört nicht zum Völkerrecht.[1])

(Über die Bedeutung der völkerrechtlichen Verträge, welche die Anwendung fremden Rechts regeln, wird später zu reden sein.)

h) Das nationale internationale Privatrecht als Hindernis der rechtlichen Harmonie und die Mittel zur Überwindung dieses Hindernisses.

Es ist klar, daß die vorstehend vertretene Auffassung eine Gefahr in sich birgt. Der einzelne Staat ist durch keine über ihm stehende Macht verpflichtet, auf ein Rechtsverhältnis mit internationalen Beziehungen ein bestimmtes fremdes Recht anzuwenden, er darf sich nur nicht überhaupt der Anwendung fremden Rechtes verschließen. Er könnte also z. B. die Geschäftsfähigkeit eines Ausländers, seine Ehefähigkeit nach dem Rechte des Staates beurteilen, dessen Untertanenverband der Ausländer angehört, also nach der Nationalität, die Geschäftsfähigkeit eines Franzosen nach französischem Rechte, eines Russen nach russischem Rechte. Er könnte aber auch das Domizil der betreffenden Personen oder

---

[1]) Klein, „Die Bedeutung des Völkerrechts für das internationale Privatrecht unter besonderer Berücksichtigung des Rechtes der neuen Haager Staatenkonferenzen“, im Archiv f. bürgerl. Recht, 29 S. 92 ff.; Challandes, „Über die Form der im Auslande errichteten Rechtsakte nach der russischen Gesetzgebung und Gerichtspraxis“, Z. f. i. Pr. u. öff. Recht, 14, S. 307 ff.; Meili, „Moderne Staatsverträge über d. intern. Konkursrecht“, Zürich 1907, S. 7 ff.; Levis, „Das internationale Entmündigungsrecht des Deutschen Reiches“, Leipzig 1906, S. 6 ff. (wo weiter Zitate); Kaufmann, „Welt-Zuckerindustrie und internationales und koloniales Recht“, Berlin 1904, S. 548 ff.; R. S. Minor, „Conflict of laws or private international law“; (Boston 1901), S. 2 ff.; Vosberg-Rekow, „Der Schutz des industriellen und geistigen Eigentums in den Handelsverträgen“, Berlin 1902, S. 9 ff.; v. Liszt, „Völkerrecht“, S. 161, S. 71; v. Bar, in Kohler-Holtzendorffs Encyklopädie, Bd. II, S. 10.

den Ort des Geschäftsabschlusses, ohne Rücksicht auf Nationalität oder Domizil, als maßgebend für die Auswahl des anzuwendenden Rechtes erklären. Die gleiche Freiheit in der Auswahl hätte jeder andere Staat. Je nachdem also, ob der eine Staat die Nationalität, der andere das Domizil, der dritte den Ort des Geschäftsabschlusses berücksichtigt, würde bei Verschiedenheit der materiellen Gesetzgebungen in den drei Ländern auch die Entscheidung des Richters anders ausfallen müssen. Damit wären wir trotz der Anwendung fremden Rechts wiederum zu dem Ergebnisse gelangt, daß das Schicksal des Rechtsverhältnisses von dem Umstand abhängig, ob es bei dem Gerichte des einen oder des anderen Staates geltend gemacht wird. Auch dieses Hindernis der harmonischen Gestaltung des Rechtsverhältnisses erfordert also Beseitigung.

Da der Grund der Schwierigkeit einerseits in der Verschiedenheit des materiellen Rechts der einzelnen Staaten liegt, andererseits in der Verschiedenheit der Regeln über das anzuwendende Recht, so hat man ein radikales Mittel der Abhilfe in der Unifizierung des Rechts gesucht, und zwar entweder des materiellen Rechts oder doch der Normen, welche die Anwendung des ausländischen bzw. inländischen Rechts regeln.

Beiden Ideen liegt ein gesunder und brauchbarer Gedanke zugrunde, aber im vollen Umfang sind sie nicht realisierbar.

i) Gleichheit des materiellen Rechts.

Der erste Weg — inhaltliche Gleichheit der verschiedenen Privatrechtsordnungen — würde, da Voraussetzungen und Wirkungen eines Rechtsverhältnisses in allen Rechtsordnungen gleichgestellt wären, auch zu einer materiellen Gleichheit der Urteile und Entscheidungen überhaupt führen.[1])

Es ist eigentlich selbstverständlich, daß der Wunsch nach einer derartigen Gleichheit der Rechtsordnung namentlich in denjenigen Bevölkerungskreisen rege wurde, die auf gleicher wirtschaftlicher Basis ständig mit dem Ausland und den Ausländern in Rechtsbeziehungen traten und die verschiedene Beurteilung der Rechtsverhältnisse in den verschiedenen beteiligten Ländern als eine unbillige und ungerechtfertigte Zufälligkeit empfanden, also namentlich in den Kreisen des Handelsstandes. England hatte in der neuesten Zeit zunächst die führende Rolle im Welthandel, und von England ging denn auch der Ruf nach Vereinheitlichung

[1]) Allerdings wäre auch diese Gleichheit nur eine theoretische, weil praktisch die Verschiedenheit des Prozeßrechts auch eine Verschiedenheit der materiellen Rechtslage in vielen Fällen mit sich bringen würde. Vgl. Kahn, Gesetzeskollision, S. 3.

des Rechts aus. Utopisten dachten und denken vielleicht noch heute an eine gleichmäßige Regelung des gesamten Privatrechts in allen Kulturländern. Aber einer solchen Idee stehen unübersteigliche und im Wesen des Rechts begründete Hindernisse entgegen. Das Recht ist in seiner Gestalt bedingt einerseits durch gewisse ethische Grundgedanken, andererseits durch soziale und wirtschaftliche Machtverhältnisse. Beide Faktoren sind mit der Eigenheit eines Landes, mit der Nationalität so eng verknüpft, daß sie immer bei Verschiedenheit dieser Faktoren auch zu einer Verschiedenheit der Gestaltung des Rechts führen werden. Andererseits zeigt gerade die neuzeitliche Entwicklung, daß jeder Staat in gesundem Egoismus seine nationale Eigenart sich zu wahren sucht und niemals darauf verzichten wird und kann, sein Recht den nationalen Bedürfnissen und Anschauungen entsprechend zu gestalten. Zur Charakterisierung dieses Traumes von einem Weltkodex sei eine Äußerung aus einer Rede des österreichischen Justizministers Klein angeführt, die derselbe bei Eröffnung des deutsch-österreichischen Notarkongresses am 7. September 1907 machte: „Die Schwärmerei für ein überall gleiches, für ein Weltrecht, an das man früher öfter dachte, ist im Erkalten. Wir sehen, daß sich bei fortwährender Ausbreitung und Steigerung des Weltverkehrs die einzelnen Staaten und Völker in ihrer Eigenart immer mehr betonen. An die Stelle des Weltbürgertums, von dem das ausgehende 18. Jahrhundert träumte, ist ein starkes Staatsbürgertum mit nationalen Streben und Rechten getreten. Man will nicht im Ganzen, im Universalen aufgehen, sondern im Gegenteil, die internationalen Beziehungen sollen dem einzelnen dazu dienen, sich zu behaupten und möglichst zu entfalten. Eine Folge dessen ist es, daß sich der Gedanke, den internationalen Rechtsverkehr zu erleichtern, weniger im Schaffen materiell gleichen Rechts ausspricht — das beschränkt sich auf ziemlich enge Gebiete — vielmehr der Wunsch vorwaltet, im Bereiche des interstate commerce, soweit er es fordert, die Inlandsinstitute zirkulationsfähig zu machen."

Mit Recht weist Klein in diesen Worten den Weltrechtsgedanken in seine natürlichen Grenzen.[1]) Nur so weit kann die Rechtsnivellierung Berechtigung und Verwirklichungsaussichten haben, als es sich um Institute des internationalen Verkehrs handelt. Auf diesem Gebiete hat sie aber tatsächlich auch schon bedeutende Erfolge aufzuweisen. Es seien nur hervorgehoben die internationale Organisation des Eisenbahnfrachtverkehrs, die Telegraphenunion, der Weltpostverein, die internationale Regelung des

[1]) Vgl. auch Grabowsky, „Recht und Staat", S. 47.

Urheberrechts, die internationale Regelung der Funkentelegraphie, die geplante Ordnung des internationalen Automobilverkehrs.[1])

Besondere Erwähnung verdient das in neuerer Zeit wieder hervortretende Streben nach einem Weltwechselrecht, dem der Kammergerichtsrat Felix Meyer unermüdlich seine Kraft weiht. Wenn auch eine völlige Gleichheit der Wechselrechte in den Kulturstaaten für die nächste Zeit kaum zu erwarten sein wird, so ist doch gewiß eine Verähnlichung zu wünschen und zu hoffen. Es ist bezeichnend, daß gerade der Vater des neuen englischen Wechselrechts, Chalmers, sagte: „The conflict of laws is only less inimical to commerce, than the conflict of states.“[2])

Der Wechsel bildet die Grundlage des internationalen Handelsverkehrs, seiner ganzen Natur nach ist er ein Umlaufpapier, bestimmt und geeignet, von Land zu Land zu wandern. Andererseits ist der Wechsel ein Kreditinstrument, dessen rechtliche Gestaltung wesentlich formaler Natur ist und kaum in nationale und ethische Gebiete eingreift. In dieser Rechtsmaterie dürfte also auch der Weltrechtsgedanke zu Erfolgen führen.[3])[4])

Aber was wollen diese beschränkten Gebiete gegenüber der Gesamtheit des Privatrechts besagen? Der größte Teil des Rechts wird seine Verschiedenheit behalten und immer neuen Anlaß zur verschiedenen Beurteilung und Gestaltung des Rechtsverhältnisses bieten.

So ergibt sich denn die Frage, ob in der Vereinheitlichung der Normen, welche die Anwendung der verschiedenen Rechte regeln, ein Heilmittel zu erblicken ist.

k) Gleichheit der Anwendungsnormen.

Wir finden schon seit dem Ende des 18. Jahrhunderts in der Theorie Versuche zu einer einheitlichen Kodifizierung der Anwendungsnormen, Versuche, die namentlich in einem von Bluntschli im Jahre 1872 verfaßten Entwurfe einen prägnanten Ausdruck erhalten haben. Aber diese Versuche gingen nicht über das Niveau theoretischer Wünsche hinaus.[5])

---

[1]) Vgl. Fried, a. a. O.

[2]) Journal of the Soc. comp. legisl. 1902, S. 112.

[3]) Vielleicht wird eine materielle Ausgleichung auch auf anderen Gebieten des Handelsrechts in absehbarer Zeit möglich sein. Vgl. Kahn, Die einheitliche Kodifikation des i. Pr., Leipzig 1904, S. 2 ff.; Meili, „Idealismus und Realismus im internationalen Recht“, in der internationalen Wochenschrift 1907, S. 981.

[4]) Vgl. F. Meyer in der Zeitschrift „Die Bank“, 1909.

[5]) Vgl. Kahn, „Die einheitliche Kodifikation usw.“, S. 6 ff.; Meili, „Die Zukunft des int. Privat- und Strafrechts“, Zeitschr. f. Völkerrecht u. Bundesstaatsrecht, S. 113 ff., und dort Zitierte.

Nicht viel reeller waren die Vorarbeiten der englischen internationalen Gesellschaften.

Erst mit der Begründung des Institut de droit international im Jahre 1873, einer aus hervorragenden wissenschaftlichen Autoritäten der verschiedenen Völker zusammengesetzten wissenschaftlichen Gesellschaft,[1]) erhielten die Bestrebungen nach einem einheitlichen Anwendungsrecht eine positive Grundlage. Zwei Männer waren es vor allen Dingen, die sich unvergängliche Verdienste erworben haben: der im Jahre 1888 gestorbene italienische Minister Manzini und der holländische Staatsrat Asser. Ihnen in erster Linie ist es zu danken, daß man die einheitliche Kodifikation der Anwendungsregeln durch Staatsverträge zum Programm erhob, ihnen ist es zu danken, daß man nach langer Arbeit und Überwindung der vielfachsten Hindernisse die Kulturstaaten zu gemeinsamer Arbeit vereinigte, die in verschiedenen, später noch zu erörternden völkerrechtlichen Verträgen über die Anwendung des Rechtes ihre Krönung fanden. Gewiß, auch die Arbeiten des Instituts zeitigten zunächst nur Vorschläge, aber ohne diese wäre es niemals zu den Staatenkonferenzen gekommen, die uns in den sogenannten Haager Konventionen die Einheitlichkeit der Rechtsanwendungen auf wichtigen Gebieten des Prozeßrechts und Privatrechts verschaffen.

Nicht treffender kann man die Tätigkeit und Verdienste des Instituts kennzeichnen, als durch die Worte, welche Asser im Jahre 1902 an die Brüsseler Versammlung des Instituts richtete: „C'est vous qui avez semé et nous avons recueilli les fruits quand ils étaient mûrs."

Die wissenschaftlichen Arbeiten des Instituts gaben der diplomatischen Aktion erst die Grundlage und Richtung.

Die holländische Regierung unterzog sich der Aufgabe, die theoretischen Erörterungen in das praktisch-politische Gebiet der Diplomatie hinüber zu leiten. Die Schwierigkeit dieser Aufgabe ergibt sich schon aus der alten Erfahrung, daß die zünftige Diplomatie sich nicht leicht mit Dingen beschäftigt, die abseits der hohen Politik liegen und gar „nur" das Privatrecht zum Gegenstand haben. Überdies war in Deutschland das Reichsjustizamt mit der Vorbereitung der großen Justizgesetze beschäftigt, Frankreich litt noch unter den politischen Lasten des großen Krieges.[2])

Nach einem vergeblichen Versuche im Jahre 1874 gelang es der holländischen Regierung am 12. September 1893, die Vertreter

---

[1]) v. Bar, „Das Institut für internationales Recht" in der internationalen Wochenschrift 1907, S. 1149 ff.

[2]) Asser, Revue 1880, S. 15.

von 14 europäischen Staaten (Diplomaten und Juristen) zu einer Konferenz im Haag zu versammeln.

Geist und Streben dieser Versammlung spricht deutlich aus ihren ersten Maßnahmen.

Man setzte 4 Kommissionen ein, die — unter dem Gesichtspunkte der mit der Verschiedenheit der Anwendungsnormen verbundenen Nachteile — sich befassen sollten mit dem Eherecht (1. Kommission), Form der Rechtsgeschäfte (2. Kommission), Erbrecht (3. Kommission) und Fragen des Zivilprozesses (4. Kommission).

Die Beschlüsse dieser Konferenz bildeten die Unterlage für die im folgenden Jahre, 1894, zusammenberufene 2. Konferenz. Letztere ergänzte und verbesserte die Beschlüsse der ersteren.

Man war vorsichtig genug, nur einen kleinen Teil dieser Beschlüsse zum Gegenstand der weiteren diplomatischen Verhandlungen zu machen, und zwar gerade denjenigen Teil, der sich nicht mit Fragen des Privatrechts, sondern mit denen des Prozeßrechts befaßte. Er enthielt Vorschläge über die Zuständigkeit der Gerichte, die Rechtshilfe, Ausländerkaution, Armenrecht und Schuldhaft. Am 14. November 1896 wurden die diesbezüglichen Konferenzbeschlüsse durch die Bevollmächtigten der 14 beteiligten Staaten unterzeichnet, am 27. April 1889 ratifiziert. Seit dem 25. Mai 1899 sind sie rechtsverbindlich.[1])

Mag auch dieses erste Ergebnis der Konferenzen an sich nicht sehr bedeutend erscheinen, namentlich in Hinblick auf die weittragenden Pläne und Beschlüsse, so darf man doch nicht übersehen, daß es der erste Schritt zur internationalen Regelung und Vereinheitlichung der Rechtsanwendung war, der erste Schritt auf dem Wege, der allein geeignet ist, die aus der Verschiedenheit der Rechtsordnungen sich ergebenden Härten zu beseitigen.

Dem ersten Schritt folgten bald weitere.

Eine von der holländischen Regierung im Jahre 1897 eingesetzte permanente Kommission[2]) erledigte die Vorarbeiten zu einer neuen Konferenz, der dritten, die am 23. Mai 1900 wiederum im Haag zusammentrat. Sie brachte endlich die langersehnte Einheitlichkeit der Rechtsanwendung in wichtigen Gebieten des Privatrechts.

---

[2]) Meili, Das internationale Zivilprozeßrecht, S. 29 ff.

[1]) Commission royale des Pays-bas pour la codification du droit international privé. Zu einem ähnlichen, wenn auch vorläufig nur offiziösen Institut scheint sich neuerdings die Interparlamentarische Union zu entwickeln, eine Vereinigung von (hauptsächlich) Politikern und Parlamentariern, die seit etwa 20 Jahren eine völkerrechtliche Verständigung vorarbeitet, um insbesondere Zwistigkeiten der Völker durch (ständige) Schiedsgerichte zu erledigen.

Neun (bzw. zehn) Staaten verpflichteten sich durch völkerrechtlichen Vertrag vom 12. Juni 1902 zur einheitlichen Regelung der Anwendungsnormen in den Hauptinstituten des Familien- und Vormundschaftsrechts, indem sie die folgenden 3 Abkommen annahmen und ratifizierten:

1. Abkommen zur Regelung der Gesetze auf dem Gebiete der Eheschließung.
2. Abkommen zur Regelung des Geltungsbereichs der Gesetze und der Gerichtsbarkeit auf dem Gebiete der Ehescheidung und der Trennung von Tisch und Bett.
3. Abkommen zur Regelung der Vormundschaft über Minderjährige.

Diese sogenannte Haager Familienrechtskonvention [1]) ververpflichtet die der Konvention beigetretenen Staaten zu einer einheitlichen Regelung der Anwendung der Gesetze auf die zur Konventionsmaterie gehörigen Rechtsverhältnisse, also z. B. auf die Voraussetzungen der Eheschließung, die Ehehindernisse. Der Artikel 1 der Konvention sagt nämlich: „Das Recht zur Eingehung der Ehe bestimmt sich in Ansehung eines jeden der Verlobten nach den Gesetzen des Staates, dem er angehört (Gesetz des Heimatstaates).“ Das bedeutet: jeder der Konvention beigetretene Staat soll eine Eheschließung von Angehörigen eines anderen Konventionsstaates nur zulassen, wenn nach den Gesetzen dieses letzteren Staates kein Hindernis der Ehe vorliegt. Ein französisches Brautpaar darf also in Deutschland nur heiraten, wenn die Eheschließung auch nach französischem Rechte zulässig, für die französischen Trauungsorgane kein Hindernis vorhanden wäre. Nur unter den gleichen Voraussetzungen könnte auch diese Ehe von holländischen oder belgischen Behörden geschlossen werden.

Bestände die Konvention nicht, so könnte sowohl Deutschland, wie Holland und Belgien die nach dem nationalen Rechte der Verlobten vorhandenen Ehehindernisse unberücksichtigt lassen und die Voraussetzungen der Ehe lediglich nach ihrem eigenen Rechte beurteilen, der Deutsche nach deutschem, der Holländer nach holländischem, der Belgier nach belgischem Rechte. Bestände in der Gesetzgebung dieser Staaten eine Verschiedenheit der Ehegesetze, wäre ein Ehehindernis des einen Landes in den Gesetzen eines anderen nicht vorhanden, so würde die Ehe in diesem Lande geschlossen werden können, im anderen nicht, ein Brautpaar, das im eigenen Heimatlande die Ehe nicht schließen dürfte, könnte im anderen sein Ziel erreichen. Allerdings vielleicht auch mit der Folge, daß diese Ehe gerade im Heimatstaate der Ehegatten nicht

---

[1]) Die nähere Erörterung derselben siehe unten im Familienrecht.

als rechtsgültig angesehen würde, während sie im Lande der Eheschließung Rechtsbestand hätte.

Diese gefährliche Verschiedenheit in der Beurteilung der Ehe wird durch die völkerrechtlich geordneten gleichen Anwendungsnormen in den Konventionsstaaten verhindert.

Haben wir nun in diesen Konventionsregeln völkerrechtliche Anweisungen für die Rechtspflegeorgane?

Die Haager Konventionen sind völkerrechtliche Verträge und verpflichten als solche nur die Staaten als politische Einheiten. An dem verpflichteten Staat ist es nunmehr, den völkerrechtlichen Vertrag zu erfüllen. Er erfüllt ihn, indem er einen dem Anwendungsgrundsatze der Konventionen entsprechenden Gesetzesbefehl seinen Organen vermittelt, ein innerstaatliches Gesetz erläßt. Deutschland kam dieser völkerrechtlichen Verpflichtung dadurch nach, daß es nach konstitutioneller Übereinstimmung von Bundesrat und Reichstag den Inhalt des Haager Vertrages im Reichsgesetzblatt publizierte.[1])

Nicht völkerrechtliche, sondern völkerrechtlich garantierte Anwendungsnormen treten uns also in den Konventionen entgegen. Mittelbar sind sie auch für den einzelnen Staat ein wirklich internationales Recht, mittelbar schaffen sie einheitliche Anwendungsgesetze der einzelnen Staaten. Je umfassender die in den Konventionen geregelten Materien, je größer die Zahl der den Konventionen beitretenden Staaten, um so größer auch die Einheitlichkeit der Anwendungsnormen, um so geringer andererseits die Verschiedenheit der Beurteilung desselben Rechtsverhältnisses in den verschiedenen Staaten.

Darum ist der völkerrechtliche Vertrag die Grundlage und der Weg zu dem Ziele, dem die Regeln über die Rechtsanwendung zustreben: gleiche Beurteilung des Rechtsverhältnisses, wo immer es geltend gemacht werden mag.

Noch ist der Weg bis zu diesem Ziele weit. So lange er nicht vollendet, werden die Staaten nach eigenen und voneinander abweichenden Grundsätzen die Anwendung der Rechtsordnungen regeln, ihre eigenen Normen für die Anwendung aufstellen.

Diese nationalen Normen bilden den Gegenstand unserer Erörterungen.

Ergebnis:

Die Kulturstaaten bilden eine Interessengemeinschaft, d. h. eine Art genossenschaftlicher Organisation mit Rechten und Pflichten. Die Quelle dieser Rechte und

[1]) Über die inkorrekte Form der Publikation vgl. Laband, Reichsstaatsrecht, 1907, S. 157 ff.

Pflichten bildet das Völkerrecht, d. h. die Summe der durch internationale Übung als bindend anerkannten Verhaltensvorschriften. Eine Voraussetzung und Grundlage der Völkergemeinschaft und damit auch eine Grundlage des Völkerrechts selbst bildet die gegenseitige Anerkennung der Souveränität der verbundenen Staaten. Die Gesetzgebungsgewalt, die Gesetze und die Einwirkung der Gesetze auf die Tatbestände sind also ein Ausfluß der anerkannten Souveränität. Ist die Souveränität Voraussetzung der Völkerorganisation, so muß auch die Wirkung der einzelstaatlichen Gesetzgebung wenigstens insoweit von den Gliedern der völkerrechtlichen Gemeinschaft anerkannt werden, als die letzteren sich nicht grundsätzlich der Anwendung fremden Rechts verschließen dürfen. Jedoch gehört die Bestimmung über **Art und Umfang** der Anwendung fremden Rechts zur Kompetenz des einzelnen Staates.

II. Begriff des internationalen Privatrechts.

Unsere Materie behandelt also die aus der Koexistenz verschiedener Rechtsordnungen und ihrer Beziehungen zu einem Rechtsverhältnis entstehenden Rechtsfragen.

Die verschiedenen Rechtsordnungen, zu welchen das Rechtsverhältnis personale oder reale Beziehungen aufweist, suchen es — bildlich — mit ihren Gesetzen zu erfassen, an sich zu reißen, jede streckt ihren Arm nach ihm aus.

Bei diesem Streite um die Maßgeblichkeit der einen oder anderen Gesetze kollidieren die streitenden Rechtsordnungen.[1])

Der Streit muß geschlichtet, die Kollision vermieden, die Kompetenz der einen oder anderen Rechtsordnung gesucht und festgestellt, die Kollisionsfragen müssen gelöst werden. Diese Aufgabe erfüllen die Kollisionsnormen[2]), d. h. die Vorschriften,

---

[1]) Vgl. v. Bar, 1, S. 6, der darauf hinweist, daß nicht immer eine Verschiedenheit der Gesetze und nicht immer eine Kollision vorhanden. Der Ausdruck ist eben nur bildlich zu nehmen. Kahn, Gesetzeskollisionen, S. 1/2 behandelt eingehend verschiedene Arten von Gesetzeskollisionen und stellt als Kollisionsfall in den Vordergrund die verschiedene Rechtsmaßgeblichkeit durch Verschiedenheit der ausdrücklichen Kollisionsnormen in den verschiedenen Staaten. Über andere Fälle vgl. unten.

[2]) Enneccerus, Lehrbuch des BGB I, S. 169, wünscht den allgemeineren Ausdruck Kollisionsvorschriften, um eine nicht genaue rechtliche Qualifizierung der Kollisionsnormen zu verhüten. Trotz Anerkennung der feinsinnigen und berechtigten Unterscheidung behalte ich den von Niemeyer zuerst gebrauchten Ausdruck „Kollisionsnorm" bei, weil eine gewisse Stetigkeit in der Terminologie unserer Materie dringend not tut. Vergleiche auch unten bei III.

welche auf die materielle Rechtsordnung verweisen, aus welcher bei einem Kompetenzkonflikt der Rechtsordnungen die materielle Regel, die sog. Sachnorm zu entnehmen ist. Die Kollisionsnormen bieten also dem Richter nicht etwa unmittelbar den Rechtssatz, nach welchem der Richter die rechtlichen Wirkungen eines ihm unterbreiteten Tatbestandes beurteilen soll, sondern sie weisen ihm nur den Weg zu der Rechtsordnung, aus welcher dieser Rechtssatz zu entnehmen ist. Wenn ein Holländer vor einem deutschen Gerichte verklagt wird, der Holländer seine Minderjährigkeit geltend macht, so sagt die Kollisionsnorm dem Richter, die Geschäftsfähigkeit eines Holländers sei nach dem Heimatsrechte des letzteren zu beurteilen. Die Kollisionsnorm gibt also dem Richter die Anweisung, in der holländischen Privatrechtsordnung die Bestimmungen über die Geschäftsfähigkeit zu suchen und diese, die Sachnorm, auf den Rechtsstreit anzuwenden, nach ihr zu beurteilen, ob die vom Kläger behaupteten Rechtswirkungen eingetreten sind bzw. ihr Eintritt durch den Mangel der Geschäftsfähigkeit des Holländers verhindert worden ist.

Die Summe dieser Kollisionsnormen bilden das internationale Privatrecht.

Das Ergebnis dieser Betrachtung lautet:

Unter internationalem Privatrecht verstehen wir die Summe der Vorschriften (Kollisionsnormen), welche die Anwendung der räumlich nebeneinander bestehenden Privatrechtsordnungen regeln, welche also die Rechtsordnung bestimmen, nach deren sachlichen Gesetzen (Sachnormen) ein Rechtsverhältnis zu beurteilen ist.

III. Die Bezeichnung.

Wir haben bis jetzt die Bezeichnung „internationales Privatrecht“ verwendet.

Der Name hat seine Mängel und ist deswegen lebhaft bekämpft worden. Man hat insbesondere gegen ihn vorgebracht, das sog. internationale Privatrecht sei einerseits kein internationales, andererseits kein Privat-Recht. Daß und in welchem Umfange unsre Materie nicht internationales Recht ist, wurde oben schon erörtert, ob sie dem Privatrecht ein- oder unterzuordnen ist, soll bei der Erörterung der Stellung des internationalen Privatrechts im System geprüft werden.

Die angegriffene Bezeichnung ist jedenfalls heute die verbreitetste und anerkannteste.

Früher sprach man von conflictus statutorum, conflictus legum, in der gemeinrechtlichen Theorie und Praxis insbesondere von

Statutenkollision. Die systematische Theorie der Jetztzeit gebraucht die Bezeichnung „räumliche Herrschaft der Gesetze", „örtliche Grenze der Rechtsregeln".[1])

In allerneuester Zeit versucht man der Bezeichnung „zwischenstaatliches Recht" Eingang zu verschaffen. Ist diese Benennung ein Ergebnis, ein Vorschlag der in gewissem Umfange berechtigten und notwendigen Bestrebungen, Fremdwörter zu vermeiden? Jedenfalls darf solches Streben nicht auf Kosten der Klarheit, der terminologischen Deutlichkeit und Kürze gehen. Es war kein schlechter Deutscher und kein Mann, der seine Muttersprache nicht geliebt und gepflegt hätte, der einst sagte: „Ich verfluche allen negativen Purismus, daß man ein Wort nicht brauchen soll, in welchem eine andere Sprache viel mehr oder Zarteres gefaßt hat." So sprach Goethe! Seiner Auffassung darf man gewiß dann folgen, wenn der verdeutschende Ausdruck direkt verwirrend wirken kann. So ist es aber mit der neuen Bezeichnung. Denn sie paßt und wird verwendet grade als Gegensatz zur Bezeichnung „internationales Privatrecht" für die Regeln, welche die Rechtsanwendung bei Gesetzeskollisionen verschiedener bundesstaatlicher oder kantonaler Rechte ordnen.[2]) Ist also der Ausdruck rechtmäßig schon für das innerstaatliche Rechtsleben mit Beschlag belegt, so würde die anderweitige Benutzung nur zu Unklarheiten führen, die man in unserer problematischen Materie nicht ohne Not heraufbeschwören soll. Auch das Ausland hat sich an die Bezeichnung gewöhnt, ja sie übernommen.

Die Franzosen verwenden den Ausdruck, indem sie allerdings unter demselben auch das Völkerrecht mit einbegreifen, die Engländer, die Amerikaner, Italiener, die Spanier, Schweizer.[3])

Mag immer die Bezeichnung internationales Privatrecht ihre Mängel haben, man weiß in Theorie und Praxis, was unter dem Namen zu verstehen ist und soll ihn darum ruhig beibehalten. Ich komme also zu folgendem Ergebnisse:

Für das internationale Privatrecht sind noch andere Bezeichnungen in früherer und in neuerer Zeit gebräuchlich, so die Bezeichnung Statutenkollision, räumliche Herrschaft der Gesetze, zwischenstaatliches Privatrecht. Jedoch empfiehlt es sich, den Namen internationales Privatrecht beizubehalten.

---

[1]) Das Ausland hat folgende Bezeichnungen: droit international privé, diritto internazionale privato, private international law (conflict of laws) usw.

[2]) Amerika und Australien haben die Bezeichnung (interstate law) für die Kollision von bundesstaatlichen Gesetzen, die Schweiz für die Gesetzeskollision von Kanton gegenüber Kanton. Vgl. Meili, Intern. Konkursrecht, S. 8.

[3]) Vgl. oben Anm. 1.

§ 2. Die Stellung des internationalen Privatrechts im Rechtssystem und in der Rechtslehre.

I. Die Stellung im Rechtssystem.

a) Die privatrechtliche Natur der Kollisionsnormen.

Die rechtliche Natur der Kollisionsnormen ist Gegenstand heftigen Streites in der Literatur des internationalen Rechts. Die Mehrzahl (namentlich der deutschen) Schriftsteller sieht in den Kollisionsnormen Privatrecht, andere öffentliches Recht, eine dritte Gruppe weder privates noch öffentliches, vielmehr ein Recht sui generis.[1])

Die Zuteilung zum öffentlichen Recht dankt zum Teil ihre Entstehung der übertriebenen Annäherung unserer Materie an das Völkerrecht, die wir schon oben auf das richtige Maß zurückzuführen versucht haben. Andererseits haben auch systematisch-logische Erwägungen diese Ansicht gestützt. Insbesondere hat Zitelmann (Band I, S. 198 ff.) die öffentlichrechtliche Natur der Kollisionsnormen mit eingehenden Gründen verteidigt.

Z. wendet sich zunächst gegen die Idee, daß die Kollisionsnormen selbst materielles Privatrecht seien.[2]) Er tritt damit dem Gedanken entgegen, daß etwa durch den Befehl des inländischen Gesetzgebers, fremdes Recht anzuwenden, auch der anzuwendende Rechtssatz des Auslandsrechts ein integrierender Bestandteil, ein Appendix unseres Rechts werde.[3]) Gegen die privatrechtliche Natur der Kollisionsnormen kämpft Z. mit logischen Gründen, indem er deduziert: die Anwendungsnorm regele die Anwendbarkeit der Rechtsordnungen, setze deren Dasein als ihr Objekt voraus, könne also nicht selbst materielles Recht sein. Sei sie nicht eine Norm des materiellen Privatrechts, so sei sie überhaupt keine Norm des Privatrechts, da es ein anderes als materielles Privatrecht nicht gebe. Wenn sie nun nicht Privatrecht sei — und nicht Völkerrecht — so könne sie nur innerstaatliches öffentliches Recht sein.

Z. verteidigt seine Auffassung weiter auch mit positiven Gründen: die Kollisionsnorm sei ein Anwendungsbefehl an den Richter. Als solche sei sie eine Erklärung des Staates über die Grenzen der Gesetzgebungsgewalt in privatrechtlichen Dingen, und zwar im Verhältnis zu der Gesetzgebungsgewalt anderer Staaten. Mithin

---

[1]) Vgl. die Ausführungen und Zitate bei Kahn, „Über Inhalt und Methode usw.", S. 52 ff, ferner derselbe, Iherings Jahrbücher, Bd. 43, S. 351 ff.

[2]) Vgl. auch Kahn, Iherings Jahrbücher Bd. 30, S. 28.

[3]) Darüber, daß in einzelnen Fällen in der äußeren Form von Kollisionsnormen auch Regeln mit materiellem Inhalt gegeben werden, vergleiche unten.

sei sie eine Erklärung über den völkerrechtlichen Bereich der Gesetzgebungsherrschaft. Trotzdem sei sie kein völkerrechtlicher Akt, weil sie nicht eine Erklärung gegenüber anderen Staaten sein wolle, sondern ein staatsrechtlicher Akt, dem zunächst nur rein staatsrechtliche Bedeutung zukomme. Die Kollisionsnorm sei die Erklärung der Auffassung eines Staates in bezug auf seine völkerrechtliche Stellung und zugleich der Ausdruck des Willens, daß diese Auffassung eine Norm seines Staates bzw. seiner Richter sein soll.

Bei dieser Erörterung Zitelmanns tritt sein internationalistischer Standpunkt, den er auch gerade an dieser Stelle ausdrücklich als Ausgangspunkt hervorhebt, klar zutage.

Die hervorragende Stellung Zitelmanns in der Wissenschaft des internationalen Privatrechts läßt es angezeigt erscheinen, die Tendenz seines Werkes hier mit seinen eigenen Worten zu kennzeichnen, insbesondere weil die Angriffe mancher Schriftsteller auf einzelne Ausführungen und Ergebnisse Zitelmanns wohl das wissenschaftliche Ziel des letzteren aus dem Auge verlieren. Zitelmann sagt in der Einleitung zu seinem internationalen Privatrecht (S. 25):

„Nunmehr läßt sich die Aufgabe, welche das vorliegende Buch sich stellt, genau bezeichnen. Es will noch einmal den unmodern gewordenen Versuch erneuen, einheitliche Prinzipien des internationalen Privatrechts im Dienst der geschilderten drei Zwecke — für die Ausfüllung der Lücken des positiven Rechts, für die künftige Gesetzgebung, für die Rechtsanwendung durch die Parteien — aufzufinden und die Durchführbarkeit der aufgefundenen Prinzipien zu erweisen. Es schlägt dazu den Weg ein, zu ermitteln, ob solche Prinzipien nicht vielleicht als völkerrechtliche gegeben sind. Wenn das der Fall ist, so gibt es zwei Arten Recht, die beide als internationales Privatrecht bezeichnet werden können: die im einzelnen Staat geltenden Grundsätze des internationalen Privatrechts („innerstaatlich geltendes internationales Privatrecht") und die von diesen eventuell sehr abweichenden völkerrechtlichen Grundsätze, die sich auf die Gestaltung des innerstaatlichen internationalen Privatrechts beziehen („überstaatlich geltendes internationales Privatrecht").[1])

Aus diesen Worten Zitelmanns folgt natürlich eine gewisse Neigung zum völkerrechtlichen Charakter des internationalen Privatrechts, oder doch wenigstens eine gewisse Abneigung gegen die Einrangierung des internationalen Privatrechts in die positive Privatrechtssphäre. Schon deswegen, weil das internationale Privat-

[1]) Eine ähnliche Tendenz verfolgt auch Pillet in seinem oben schon charakterisierten Werke. Auch er verkennt nicht, daß heutzutage das internationale Privatrecht „est une branche de la législation nationale".

recht, wenn es zum Privatrecht gehört, seinen Ausgangspunkt von der nationalen Norm, — ja sogar von der nationalen Sachnorm[1]) — nehmen muß, mithin einem einheitlichen internationalen Prinzip wenig zugänglich wäre.[2]) Aus dieser Tendenz Zitelmanns folgt aber vielleicht auch die Notwendigkeit einer gewissen kritischen Zurückhaltung, soweit die Anwendung auf das positive Recht in Frage steht. Jedenfalls ist der Schluß Zitelmanns nicht zwingend, daß, wenn die Kollisionsnorm nicht Privatrecht sei, sie nur als öffentliches Recht angesehen werden könne.

Einen der Zitelmannschen Auffassung direkt entgegengesetzten Standpunkt vertritt Enneccerus.[3]) Er macht eine Unterscheidung zwischen den aus dem Wesen des völkerrechtlichen Verbandes sich ergebenden Grenzbestimmungen, welche die einzelnen Staaten bei der Feststellung ihrer Kollisionsvorschriften nicht überschreiten dürften und den direkten Vorschriften über das anzuwendende Recht. Jene zählt er zum Völkerrecht, diesen spricht er privatrechtlichen Charakter zu. Zur Begründung des privatrechtlichen Charakters führt Enneccerus aus: die staatlichen Kollisionsvorschriften hätten verschiedenen Inhalt, der Staat gebe in seiner Kollisionsnorm eine Bestimmung, der zufolge auf einen internationalen Tatbestand — bei bestimmten Beziehungen zum Inland — das deutsche Recht anzuwenden sei. Solche Vorschriften seien Abgrenzungen des eigenen Rechts, indem sie die scheinbar allgemeine Fassung eines Privatrechtssatzes auf ihren wahren Inhalt zurückführten, einen Privatrechtssatz vervollständigten und mit ihm zusammen ein Ganzes bildeten. Oder die Kollisionsnorm träfe über die Verwendung fremden Rechtes in Gestalt eines verweisenden Rechtssatzes eine Bestimmung, die dieses anwendbar machte. Da das Kollisionsrecht in beiden Fällen die Anwendung von Privatrecht regele, so sei es selbst Privatrecht.

Einer Mittelmeinung wird von Kahn Ausdruck gegeben in seinen, zum Teil gegen Zitelmann gerichteten, Erörterungen in dem Aufsatze „Über Inhalt, Natur und Methode des internationalen Privatrechts", S. 53. Dort heißt es: „Kollisionsnormen bestehen für jede Rechtsmaterie, für das Privatrecht sowohl wie für Prozeßrecht, Strafrecht, Staatsrecht. Die privatrechtlichen sind allerdings weitaus die wichtigsten, einerseits deshalb, weil die An-

---

[1]) Kahn, Über Inhalt usw., S. 56, aber S. 70.

[2]) Die Grundanschauung Z.s mit ihren Folgen für die praktische Anwendung des internationalen Privatrechts offenbart sich ganz deutlich, so z. B. II, S. 391, wo für das internationale Obligationenrecht primär die Anwendung des „allgemeinen" Internationalen Privatrechts gefordert wird, „soweit nicht Kollisionsnormen des eigenen Staates etwas anderes anordnen".

[3]) Lehrbuch des bürgerlichen Rechts, Bd. I. S. 177 ff.

knüpfungen hier ungleich mannigfaltiger und komplizierter sind, anderseits, weil auf diesem Gebiete formelle und materielle Kompetenz, forum und jus, sehr viel häufiger auseinanderfallen als auf allen anderen. Das ändert aber nichts daran, daß auch jede andere interne Rechtsdisziplin ihre Regeln hat, welche sich auf die örtliche Anwendbarkeit der darin enthaltenen materiellen Rechtssätze beziehen. Will man nun unter dem Privatrecht nur das materielle Privatrecht verstehen, so mag man es tun. Sicherlich sind dann die Kollisionsnormen, und zwar die zeitlichen sowohl wie die örtlichen „kein Privatrecht“. Sie werden darum aber ebensowenig zum „öffentlichen Recht sui generis“ (Zitelmann), sondern sie würden überhaupt ein Recht sui generis darstellen, ein Drittes, das gänzlich außerhalb der (eben nach dem materiellen Inhalt getroffenen) Scheidung des Rechts in privates und öffentliches stände.

Die Kollisionsnormen verhalten sich zu dem materiellen Rechte, wie der Rahmen zum Bilde. Man kann nun Geschmack an einer Rahmensammlung finden. Man erhält dann in unserem Falle eine Sonderdisziplin, deren Inhalt sich zusammensetzt aus den Kollisionsnormen aller Rechtsmaterien. Dieser Geschmack und dieses Verfahren hat seine Berechtigung und sein Gutes; es würden uns namentlich auf solche Weise die vielfach bestehenden allgemeinen und einheitlichen Kollisionsgrundsätze nahe gebracht werden. Allein im ganzen erscheint uns das entgegengesetzte Verfahren natürlicher und zweckmäßiger. Wenn der Rahmen auch nicht selbst ein Gemälde ist, so gehört er doch zu dem Bilde, das er einschließt. Warum sollen also die privatrechtlichen Kollisionsnormen nicht einfach Pertinenz des Privatrechts sein und bleiben?“

Mit diesen Ausführungen stimmt im wesentlichen auch Niemeyer überein, wenn er[1]) sagt: „Die Sätze des internationalen Privatrechts sind als Ingredienzien der durch sie in ihrer örtlichen und personalen Tragweite bestimmten Privatrechtssätze zu betrachten.“

Die Anerkennung der privatrechtlichen Natur der Kollisionsnormen kann heute als die vorherrschende Meinung bezeichnet werden.[2])

Mancher dagegen noch erhobene Widerspruch läßt sich vielleicht aus einer zu einseitig-formalen Betrachtungsweise erklären. Denn rein formal betrachtet könnte die Kollisionsnorm als eine völkerrechtliche Regel erscheinen, indem sie mittelbar der Gesetzeskompetenz im Verhältnis zu anderen Staaten und ihren

---

[1]) „Das internationale Privatrecht des bürgerlichen Gesetzbuchs“, S. 180.

[2]) Vgl. auch Staudingers Kommentar, 6. Bd., S. 20 und dort Genannte.

Gesetzgebungen Schranken setzt, bzw. die Gesetzeskompetenz erweitert. Denn ein Gesetz gilt, d. h. es ist vom Richter anzuwenden, soweit die Gesetzeskompetenz reicht. Die deutschen Reichsgesetze sind vom deutschen Richter anzuwenden, weil das deutsche Recht innerhalb des deutschen Reichsgebietes gilt, da innerhalb desselben dem Reiche die Gesetzgebungskompetenz zukommt. Hat also der deutsche Richter auf eine Rechtsbeziehung ausländisches Recht anzuwenden, so tritt das sonst „geltende" deutsche Recht hinter dem anzuwendenden ausländischen Rechte zurück, so daß die allgemeine Folge der deutschen Gesetzeskompetenz in Geltung und Anwendung — deutschen Rechts — nicht eintritt. Entsprechend würde bei dieser Auffassung die Anwendung des ausländischen Rechts eine Folge der „Geltung" des ausländischen Rechts in Deutschland sein und damit die Gesetzeskompetenz des ausländischen Staats in das deutsche Kompetenzgebiet eindringen, und zwar auf Grund eines dem ausländischen Staate eingeräumten Souveränitätsrechtes. Diese Konsequenz beweist den Irrtum im Ausgangspunkt, der nur möglich und erklärlich bei der einseitig-formalen Betrachtung. Geht man dagegen aus von der materiellen Bedeutung der Kollisionsnormen, so ergibt sich, daß sie als Ergänzung des materiellen Rechts den Inhalt der Privatbeziehungen bestimmen, selber zum Privatrecht gehören.

b) Die Kollision von innerstaatlichen Partikularrechten.

Die Angliederung an das Privatrecht und mehr noch die Ablehnung des öffentlich-rechtlichen Charakters des internationalen Privatrechts ist nicht ohne praktische Bedeutung, namentlich in Rücksicht auf Artikel 55 des Einführungsgesetzes zum Bürgerlichen Gesetzbuch.

Dieser Artikel enthält den Ausdruck des Kodifikationsprinzips, er erklärt die bisher geltenden privatrechtlichen Vorschriften der Landesgesetze für aufgehoben, soweit nicht im Bürgerlichen Gesetzbuch und im Einführungsgesetz zu demselben ein anderes bestimmt ist, setzt also an die Stelle der alten Privatrechtsvorschriften die Normen des neuen Rechts. Die früheren Partikularrechte enthielten vielfach Kollisionsnormen, so das preußische, bayrische, sächsische, badische Recht.[1]) Allerdings ging die Anwendung der partikularrechtlichen Kollisionsnormen in erster Linie auf die Lösung der durch die Verschiedenheit der Rechte der Partikularstaaten innerhalb des Reichs entstandenen Kollisionsfälle, während

[1]) Vgl. Niemeyer, Vorschläge und Materialien, S. 34, derselbe, Internationales Privatrecht, S. 184 ff.

wir bisher nur von dem Verhältnis des Reichsrechts zum Reichsauslandsrecht gesprochen haben.

Die Frage geht also dahin: ob jene partikularrechtlichen Bestimmungen aufgehoben und an ihre Stelle die Kollisionsnormen des neuen Rechts getreten sind.[1])

Die Frage ist in der Literatur gerade im Zusammenhang mit der rechtlichen Natur der Kollisionsnormen erörtert worden. Insbesondere äußert sich Loewenfeld[2]) dahin, daß das bisherige internationale Privatrecht nicht aufgehoben sei, weil es dem Privatrecht nicht angehöre, weil es ferner als öffentliches Recht nur dann als aufgehoben betrachtet werden könne, wenn es im neuen Recht ausschließlich und erschöpfend geordnet sei. Eine solche Ordnung biete jedoch das Kollisionsrecht des Bürgerlichen Gesetzbuchs nicht. Auf Grund dieser Erwägung kommt er zum Schlusse, daß die früheren partikularrechtlichen Grundsätze des internationalen Privatrechts weiter angewendet werden müßten, soweit es mit den positiven Kollisionsnormen des neuen Rechts vereinbar sei.[3])

Wir haben oben die völkerrechtliche Natur der Kollisionsnormen abgelehnt, so daß die Loewenfeldsche Begründung von unserer Auffassung aus nicht stichhaltig sein kann.

Aber selbst, wenn man in den Kollisionsnormen öffentliches Recht sehen wollte, selbst dann würde der Fortbestand der landesrechtlichen Kollisionsnormen noch keine notwendige Folge sein. Gerade Zitelmann (Zum Grenzstreit zwischen Reichs- und Landesrecht, S. 67 ff.) ist es gewesen, der, trotzdem er die „wahren Kollisionsnormen“ dem öffentlichen Rechte zuschiebt, diese theoretische Meinungsdifferenz für die Entscheidung über die Aufhebung der partikularrechtlichen Normen für bedeutungslos hält. Denn nur darauf komme es an, ob das Einführungsgesetz zum Bürgerlichen Gesetzbuch seine Kollisionsnormen zu den privatrechtlichen Vorschriften rechne, so daß man es lediglich mit einer Frage über die Auslegung des Artikels 55 zu tun habe. Diese Auslegung führe zu dem Ergebnisse, daß die landesrechtlichen Vorschriften im allgemeinen außer Kraft gesetzt sein und nicht einmal zur Ergänzung der lückenhaften reichsrechtlichen Kollisionsnormen herangezogen werden dürften.[4])

---

[1]) Eine eingehende allgemeine Erörterung der Kollision von Partikulargesetzen: v. Bar I, S. 119 ff.

[2]) Staudingers Kommentar, Bd. I, S. 7.

[3]) Anders allerdings Wagner in demselben Kommentar, Band 6, S. 20ff.

[4]) Bei den Beratungen der I. und II. Kommission wurde es deutlich zum Ausdruck gebracht, daß man die Vorschriften des int. Pr.-R. auch auf die dem Landesrecht vorbehaltenen Materien mit erstrecken wollte. Aus den vom Bundesrat vorgenommenen Änderungen darf man nicht auf eine gegenteilige Absicht schließen. Vgl. Kahn, Iherings Jahrb., Bd. 43, S. 319.

Eine Ausnahme, d. h. die Weitergeltung der partikularrechtlichen Kollisionsnormen, ist nur insoweit anzuerkennen, als einerseits die Rechtssätze, deren Anwendung die partikularrechtlichen Kollisionsnormen regeln, sich mit Rechtsfragen beschäftigen, die dem besonderen Tatsachenbereich der vorbehaltenen Materie angehören, als andererseits aber auch notwendig ist, daß diese partikularrechtlichen Kollisionsnormen gerade für die Rechtsfrage der vorbehaltenen Materie etwas Besonderes festsetzen, d. h. die Rechtsanwendung gerade aus der besonderen Natur der Rechtsfrage und für sie regeln.

Dieser Auffassung folgt heute die Theorie und Praxis fast einhellig.[1])

Es ist bei Kollision mehrerer in Deutschland geltender Rechte das Gesetz des Bundesstaates anzuwenden, in welchem das Anknüpfungsmoment gegeben ist, welches das internationale Privatrecht des B.G.B. als maßgebend für seine Kollisionsnorm aufstellt.[2])

Wenn also z. B. ein preußischer Vormundschaftsrichter eine Entscheidung darüber treffen soll, in welcher Religion die Kinder eines mit preußischem Domizil verstorbenen Badensers zu erziehen sind, so könnte der preußische Richter zunächst auf den Gedanken kommen, die Kollisionsnormen seines Rechtes zu prüfen, da die religiöse Erziehung der Kinder gemäß Art. 134 des Einführungssetzes zum B.G.B. zu den der Landesgesetzgebung vorbehaltenen Materien gehört. Das Preußische Landrecht enthält in seiner Einleitung, § 23 ff., ausdrücklich Kollisionsnormen, aus denen sich für die Frage der religiösen Erziehung der Kinder die Anwendung des im Domizil des verstorbenen Badensers geltenden Rechtes, also des preußischen Rechtes ergeben würde. Aber diese partikularrechtlichen Kollisionsnormen sind keine auf die Frage der religiösen Erziehung zugespitzten Sondervorschriften. Mithin fällt ihre Anwendung auf die vorliegende Frage fort. Der Richter hat die Kollisionsfrage unter analoger Anwendung der für die Kollision von Reichsrecht mit Auslandsrecht gegebenen Bestimmungen zu lösen, sie bilden auch „zwischenbundesstaatliches Privatrecht". Nach Artikel 19 des Einführungsgesetzes ist das Rechtsverhältnis zwischen Eltern und ehelichen Kindern den Gesetzen des Staates unterworfen, dem der Erziehungsberechtigte angehört. Die Maß-

---

[1]) Vgl. Niemeyer, Internationales Privatrecht, S. 184 ff., Habicht, S. 41, Kahn, Iherings Jahrbücher, Band 43. S. 319 ff., Planck, Band 6, S. 26, Habicht, S. 41 und die bei den genannten Schriftstellen angeführten weiteren Quellen.

[2]) Vgl. auch Zitelmann I, S. 1.

geblichkeit der Staatsangehörigkeit führt also zur Anwendung des badischen Rechtes.[1])

Wir kommen also zu dem Ergebnis:

Das internationale Privatrecht ist zwar selber kein materielles Privatrecht, seine Vorschriften gehören jedoch zum Privatrecht, sind privatrechtlicher Natur. Schon daraus ergibt sich in Anwendung des Artikels 55 des Einführungsgesetzes zum B.G.B., daß auch bei Kollision der in Deutschland geltenden Privatrechte der verschiedenen Bundesstaaten oder kleinerer Gesetzesgebiete die in erster Linie für die Kollision von Reichsrecht mit Reichsauslandsrecht erlassenen Reichs-Kollisionsnormen anzuwenden sind, d. h., daß auch bei diesen Kollisionen diejenige tatsächliche oder persönliche Beziehung des Tatbestandes für das anzuwendende Recht entscheidend ist, welche die Reichs-Kollisionsnorm verwendet. Es bleiben jedoch bestehen (und können neu erlassen werden) solche partikuläre Kollisionsnormen, welche als besondere Anwendungsnormen einer vorbehaltenen Sondermaterie zu gelten haben.

II. Die Stellung in der Rechtswissenschaft.

a) Behandlung im allgemeinen Teil des Privatrechts.

Entsprechend der oben gekennzeichneten systematischen Stellung des internationalen Privatrechts erfolgt in Deutschland seine Behandlung zumeist in den Lehrbüchern und Vorlesungen des Privatrechts und zwar als Teil der „Allgemeinen Lehren".[2]) Man stellt die Erörterungen über die zeitliche Grenze der Rechtsnormen neben diejenige über die räumliche Grenze der Rechtsnormen, das internationale Recht neben das intertemporale. Bei dieser Nebeneinanderstellung darf nur nicht übersehen werden, daß die räumliche Kollision der Rechtsnormen unter wesentlich anderen Gesichtspunkten auszugleichen ist als die zeitliche, wie andererseits hervorgehoben werden muß, daß zeitliche und räumliche Kollision oft beim selben Rechtsfall vorkommen und ihr Verhältnis zueinander zu entscheiden ist. Nur im Vorübergehen sei hier bemerkt, daß zunächst in solchem Falle die intemporale Frage zu lösen ist, und erst auf Grund des zeitlich maßgebenden

[1]) Über die religiöse Erziehung im allgemeinen vgl. unten.

[2]) Da liegt der Grund für die stiefmütterliche Behandlung unsrer Materie, die so hart um ihren Platz in dem großen Haushalt der Rechtswissenschaft kämpfen muß! Vgl. Z. f. Völkerrecht I, S. 134.

Rechtes, die von letzterem für maßgeblich erklärte Kollisionsnorm anzuwenden ist.[1])

b) In Verbindung mit der Rechtsstellung der Fremden.

Man hat auch, nicht nur vom Standpunkt der völkerrechtlichen Auffassung des internationalen Privatrechts, das letztere zugleich mit der Betrachtung der Rechtsstellung der Fremden behandelt, hat sogar für die Kollisionsnormen den Ausdruck „Fremdenstreit"[2]) einzuführen versucht.

Es ist ein Fehler, in den schon Brinz (Pandekten, Band I, S. 103) verfallen ist, der privatrechtlichen Stellung der Fremden im Inlande eine primäre Bedeutung für die Kollisionslehre beizulegen. Die Franzosen namentlich vertreten noch jetzt diese Auffassung.

Sie meinen, die Frage nach der Rechtsstellung stehe in einem präjudiziellen Verhältnis zum internationalen Privatrecht. „Il y a là une sorte de question préjudicielle dont la solution doit nécessairement précéder celle de la question de Droit international proprement dit", sagt Despagnet in seinem Précis de droit international privé.

Auch Pillet läßt in seinem Werke denselben Grundgedanken sogar maßgebend sein für die systematische Anordnung des Rechtsstoffes, ausgehend von der Anschauung, daß eine internationalprivatrechtliche Frage überhaupt erst auftauche, nachdem feststehe, daß ein von einem Fremden geltend gemachtes Recht ihm nach der nationalen Rechtsordnung zuerkannt werden könnte.[3])

Diese Anschauung ist in ihrem theoretischen Ausgangspunkt und in ihrer praktischen Anwendung unzutreffend.

Die Rechtsstellung der Fremden steht mit der Lehre von den Kollisionsnormen nur in losem Zusammenhang.

Richtig ist, daß die historische Entwicklung des internationalen Privatrechts und das Verhalten der Staaten gegen die Fremden einen gewissen Parallelismus aufweisen. Solange der Fremde als rechtlos behandelt wurde, fehlte es an der Verbindung, dem Zusammenschluß der Völker, auf dessen Grundlage die Re-

---

[1]) Affolter „Das intertemporale Privatrecht", 1900. Dazu Meili I, S. 127; Habicht, S. 26, 38 und dort Zitierte.

[2]) Wörner, Der Fremdenstreit, 1902, S. 4.

[3]) Despagnet, S. 79, Pillet, S. 168. Vgl. auch die nicht ganz deutliche Bemerkung Meilis (Handbuch, Bd. I, S. 132): „Es handelt sich hier darum, die allgemeine Rechtsstellung der Fremden kurz zu charakterisieren, ohne Rücksicht auf den eigentlichen Konflikt der Gesetze, denn ein solcher kann natürlich nur dann entstehen, wenn die Fremden überhaupt zu denjenigen Rechten zugelassen werden, welche den Einheimischen zukommen, sei es ganz, sei es teilweise." Dagegen Asser-Rivier, S. 39, 40.

spektierung des fremden Rechtes und die Anerkennung der unter dem Schutze einer fremden Rechtsordnung entstandenen subjektiven Rechte erwuchs. Aber diese Anerkennung der subjektiven Rechte der Fremden ist für das internationale Privatrecht nicht von grundlegender Bedeutung, denn es regelt ja in gleichem Maße den Rechtserwerb der Inländer im Auslande, sei es auf Grund der Anwendung des inländischen oder ausländischen Rechtes. Treffend sagt darum Kahn[1]): „Es handelt sich — bei dem internationalen Privatrecht und Fremdenrecht — um zwei ganz verschiedene Materien. Etwas anderes ist die Anerkennung der subjektiven Rechte der Fremden, mag deren Erwerb sich nach inländischem oder ausländischem Gesetz beurteilen; etwas anderes die Anwendung der subjektiven fremden Rechtsordnung, mag dieselbe Ausländer oder Inländer ergreifen. Was für ersteres gilt, gilt darum noch lange nicht für letzteres und umgekehrt; weder theoretisch noch praktisch, weder vom Standpunkte des Privatrechts noch von dem des Völkerrechts."

Die Betrachtung des Standpunktes, den heute noch manche Staaten zur Anwendung fremden Rechtes einerseits, zur Rechtsstellung der Fremden andererseits einnehmen, beweist denn auch, daß in der Praxis der Völker beide Fragen vollständig von einander getrennt sind. Gerade diejenigen Staaten, welche in liberalster Weise den Ausländer an den Inlandsrechten teilnehmen lassen, wie England und Amerika, gerade diese Staaten zeigen auf dem Gebiete der Rechtsanwendung eine chauvinistische Abgeschlossenheit, weigern der Anwendung fremden Rechtes für ihre Rechtspflegeorgane fast durchweg die Anerkennung. Allerdings ist auch in denjenigen Staaten, welche kraft ihrer Kollisionsnormen fremdes Recht nach gleichen Grundsätzen anwenden wie das heimische, die theoretische und praktische Möglichkeit gegeben, Inhalt und Umfang dieser Anwendung in Rücksicht auf die Stellung gegenüber den Fremden zu modifizieren. Jeder Staat muß aus nationalen Rücksichten das Recht haben, eine gewisse Gegenseitigkeit in der Anwendung ausländischen Rechtes vor demjenigen Staate zu verlangen, dessen Recht er nach den allgemeinen Grundsätzen seines internationalen Privatrechts anwendet, mit anderen Worten, er muß in der Nichtanwendung des an sich maßgeblichen Rechtes gegenüber den Angehörigen eines fremden Staates ein Mittel haben, um präventiv oder repressiv — durch Reziprozität oder Retorsion — einen ausländischen Staat ebenfalls zur Anwendung fremden Rechts, soweit es die Angehörigen seines Staates angeht, zu zwingen.[2])

---

[1]) Inhalt usw., S. 17.

[2]) Über diese Mittel der Gegenseitigkeit vergleiche unten.

Im übrigen spielt die Nationalität der bei einem Rechtsverhältnisse Beteiligten nur insoweit eine Rolle, als gerade dieses tatsächliche Moment im Rechtsverhältnis von einer Kollisionsnorm zur Wahl des anzuwendenden Rechtes verwendet wird.

Aus diesen Gründen wäre es wohl richtiger, das Fremdenrecht im Völkerrecht[1]) oder Staatsrecht zu erörtern, vielleicht auch im Privatrecht in der Lehre von der besonderen Rechtsfähigkeit, vielleicht auch als nebensächlichen Punkt im internationalen Privatrecht bei der Lehre von der Gegenseitigkeit. Letzteres besonders mit Rücksicht darauf, daß die deutschen Kollisionsnormen des Einführungsgesetzes einzelne materielle Bestimmungen über die Rechtsstellung der Fremden aufgenommen haben.

Gerade die fortschreitende Erkenntnis von der wissenschaftlichen und praktischen Bedeutung des internationalen Privatrechts sollte vor jeder Vermengung mit Rechtsfragen, die nicht im unmittelbaren Zusammenhang mit unserer Disziplin stehen, warnen. Das internationale Privatrecht hat des Stoffes genug. Namentlich dann, wenn man für seine Lehre die Rechtsvergleichung mit heranzieht.

c) In Verbindung mit der Rechtsvergleichung.

Diese ist sowohl zur Erkenntnis des positiven Rechts wie zu seiner Anwendung, vor allem aber zur Weiterentwicklung der Kollisionsnormen von der größten Bedeutung. Sie ergibt sich schon aus der Gemeinsamkeit des Ausgangspunktes. Das internationale Privatrecht ist ja ein Ergebnis wirtschaftlicher und sozialer Entwicklung der Kulturstaaten in ihrer Zusammengehörigkeit. Der rechtliche Niederschlag in dem einen der Kulturstaaten wird darum in manchen Fällen einen Rückschluß auf entsprechende Wirkung im anderen Kulturstaat zulassen.

Die Rechtsvergleichung hat sich zu erstrecken sowohl auf das materielle Recht der verschiedenen Staaten wie auf das internationale Privatrecht derselben.[2])

Erst die Kenntnis der verschiedenen Rechte zeigt uns den Weg, der zum Ziele des internationalen Rechts führen kann, zur Einheit der Kollisionsnormen. Auf diesem Wege übernehmen die

[1]) Vgl. Politis in Z. 18, S. 513 u. besonders in Clunet, 1908, S. 413 ff.

[2]) Kahn, Einheitliche usw., S. 18. derselbe „Bedeutung der Rechtsvergleichung mit Bezug auf das internationale Privatrecht“, Zeitschr. 10, S. 97 ff., derselbe Z. 12, S. 219, derselbe Iherings Jahrbücher 39, S. 110, derselbe Inhalt und Natur usw., S. 74 ff., Niemeyer, Positives Internationales Privatrecht, S. 4, Meili, Die Zukunft des internationalen Privatrechts und Strafrechts, Zeitschr. f. Völkerrecht u. Bundesstaatsrecht, Bd. I, S. 113 ff., 134, 156, Zitelmann, Internationales Privatrecht, Bd. I, S. 2, Meili, Das internationale Privatrecht und die Staatenkonferenzen im Haag, S. 22.

Sachnormen und ihre Tendenzen die Führerrolle. Denn, wie schon hervorgehoben, der Gesetzgeber stellt seine Sachnorm auf, weil er sie für zweckentsprechend hält, weil er — wenn auch zunächst nur an die Lebensverhältnisse seines eigenen Machtbereiches denkend — sie im allgemeinen als dem Rechtsbedürfnis entsprechend erachtet. Gerade dieser Gedanke müßte ihn konsequent zur ausschließlichen Anwendung seines eigenen Rechtes führen. Der gleiche Gedankengang würde aber auch in jedem anderen Staate die starre Exklusivität der Anwendung des nationalen Rechtes zeitigen, die internationale Harmonie des Rechtsverhältnisses wäre unmöglich. Darum muß der Gesetzgeber selbst seine materiellen Normen prüfen und die materiellen Normen des anderen Staates, um beurteilen zu können, ob er die Anwendung seiner eigenen Normen zurückdrängen kann, weil ein Rechtsverhältnis zu einer ausländischen Rechtsordnung Beziehungen aufweist, die, von anderen legislatorischen Gesichtspunkten ausgehend, dasselbe Rechtsverhältnis in anderer Weise regelt. Er wird zu prüfen haben einerseits, ob er die Konzession auf seine Kosten machen kann, andererseits, ob er sie in Hinblick auf die Harmonie des Rechtsverhältnisses machen muß, weil der Gesetzgeber des anderen Staates von der Anwendung seiner Norm nicht abweichen kann. Wenn z. B. das deutsche Recht besondere Vorschriften über die Grundstücke besitzt, wenn es insbesondere wegen der fundamentalen Bedeutung der Immobilien für das Staatswesen aus nationalpolitischen Gründen die Grundstücksübereignungsverträge an erschwerte Form gebunden hat, so kann doch der deutsche Gesetzgeber Konzessionen zugunsten anderer Formen in anderen Staaten machen, wofern dadurch der Grundstücksbestand seines eigenen Landes nicht berührt wird. Er wird sie sogar machen müssen, weil er dem anderen Staate nicht zumuten kann, das rechtliche Schicksal der auf seinem Gebiete liegenden Grundstücke von den Normen eines Staats abhängen zu lassen, der unmittelbar gar nicht bei der Rechtsänderung beteiligt ist. Die Vergleichung der beiderseitigen Sachnormen führt also beide Staaten zur Anwendung des im Staate der belegenen Sache geltenden Rechtes.

Ein anderes Beispiel:

Wenn die innere Politik eines Staates zur obligatorischen Zivilehe geführt hat, wenn er in ihr einen wesentlichen Kulturfortschritt erblickt, der gegen innerpolitische Änderungsversuche energisch verteidigt werden muß, so kann ihm nicht zugemutet werden, zugunsten im Inlande heiratender Ausländer solcher Staaten, welche ihrerseits nur die religiöse Trauung als rechtsgültig anerkennen, auf die Durchführung seiner Ehegesetze zu verzichten. Im ersten Beispiel konnte der Inlandstaat Konzessionen machen, im zweiten nicht. Es ergab sich aus dem Inhalt und der Tendenz der Sachnormen.

Damit ist der Weg der Rechtsanwendung gegeben.

Zwei Kräfte wirken gegeneinander, die Tendenz des materiellen Rechts einerseits, das Streben nach harmonischer Gestaltung des Rechtsverhältnisses andererseits. Die Resultante der beiden Kräfte zeitigt Richtung und Stellung der Kollisionsnormen. Das Ergebnis ist namentlich von Bedeutung in Rücksicht auf das derzeitige Streben der Völker, sich durch gegenseitige Völkerverträge auf der mittleren Linie zu einigen. Ohne die rechtsvergleichende Arbeit wären die oben erwähnten Haager Konferenzen niemals zu dem Ergebnis gelangt, das Kahn mit Recht „den offiziellen Triumpf der rechtsvergleichenden Methode" genannt hat.

Die Rechtsvergleichung hat noch weitere bedeutsame Vorteile für das internationale Privatrecht.

Sie führt zur Kenntnis des materiellen Rechtes fremder Staaten und zur eindringlichen Beschäftigung mit der ausländischen Literatur.

Die Kenntnis des fremden materiellen Rechtes ist in vielen Fällen die praktische Voraussetzung für die Durchführung der Kollisionsnormen. Weil der Richter keine Kenntnis des fremden Rechtes hat, darum scheut er manchmal vor der Anwendung des fremden Rechtes zurück, sucht Mittel und Wege, um mit Ausreden die Anwendung seines eigenen Rechtes zu rechtfertigen. Das hat Niemeyer mit notwendiger Offenherzigkeit in seiner Einleitung zum positiven internationalen Privatrecht (S. 4) ausgesprochen.

Wir werden diesen Punkt später noch eingehend zu erörtern haben.

Vor allem führt die rechtsvergleichende Methode zum Studium der ausländischen Literatur.

Es ist klar, daß gerade bei einem internationalen wissenschaftlichen Problem, wie es das internationale Privatrecht bietet, auch die wissenschaftliche Bearbeitung eine internationale sein muß. Es ist das unvergängliche Verdienst v. Bars, der die Grundmauern der neuzeitlichen deutschen international-privatrechtlichen Wissenschaft gebaut hat, daß er im weitesten Maße auch den Ergebnissen ausländischer Forschung Rechnung getragen hat.

d) Die literarische Bearbeitung des internationalen Privatrechts.

Damit gelangen wir zu der Frage nach den wissenschaftlichen Hilfsquellen des internationalen Privatrechts.

Zum Teil wird diese Frage in Zusammenhang mit der geschichtlichen Entwicklung des internationalen Privatrechts ihre Erörterung finden, an dieser Stelle mögen nur die wichtigsten literarischen

Erscheinungen aufgezählt werden. Ich stelle die deutsche Wissenschaft in den Vordergrund. Das dürfte umsoeher als berechtigt anerkannt werden, als namentlich in den Werken der letzten Jahrzehnte die ausländische Literatur und Praxis im weitesten Maße berücksichtigt und angegeben ist. Auch ergibt sich eine Beschränkung einerseits aus dem Zwecke dieses Buches, andererseits wegen der überreichen Fülle des vorhandenen in- und ausländischen Materials, endlich aber aus dem Gesichtspunkte, daß ein wichtiger Teil der Literatur, insbesondere die Spezialabhandlungen, jeweils bei den Einzelerörterungen dieses Buches erwähnt werden wird.

A. Systematische Werke.

v. Bar, Theorie und Praxis des internationalen Privatrechts. (2. Aufl. 1889.)
— Lehrbuch des internationalen Privat- und Strafrechts. (1892.)
— Internationales Privatrecht. (In Holtzendorff-Kohlers Enzyklopädie, 1903.)
Böehm, Die räumliche Herrschaft der Rechtsnormen. (1890.)
Habicht, Internationales Privatrecht nach dem Einführungsgesetze zum BGB. In der Form eines Kommentars. (1907.)
Neumann, Internationales Privatrecht in Form eines Gesetzentwurfs nebst Motiven und Materialien. (1896.)
Niemeyer, Das internationale Privatrecht des BGB. (1901.)
— Das in Deutschland geltende internationale Privatrecht. (1894.)
— Vorschläge und Materialien zur Kodifikation des internationalen Privatrechts. (1895.)
Zitelmann, Internationales Privatrecht. (Bis jetzt drei Lieferungen 1897, 1898, 1903.)

Schweiz.

Meili, Das internationale Zivil- und Handelsrecht auf Grund der Theorie, Gesetzgebung und Praxis. (1902.)

Österreich.

Jettel, Handbuch des internationalen Privat- und Strafrechts mit Rücksicht auf die Gesetzgebungen Österreichs, Ungarns, Kroatiens und Bosniens. (1893.)

Holland.

Asser-Rivier, Éléments de droit international privé ou du conflit des lois. (1884.)

Frankreich.

Despagnet, Précis de droit international privé. (4. Aufl. 1904.)
Lainé, Introduction au droit international privé.
Laurent, Droit civil international privé. (1880/81.)
Pillet, Principes de droit international privé. (1903.)
Weiss, Traité théorique et pratique de droit international privé. (1. Bd., 2. Aufl. 1907, 2. Bd. 1894, 3. Bd. 1898, 4. Bd. 1901, 5. Bd. 1905.)

Italien.

Fiore, Diritto internazionale privato. (4. Aufl. 1902/03.)

England — Amerika.

Foote, A concise treatise on private international jurisprudence, based on the decisions in the English courts. (3. Aufl. 1904.)

Story, Commentaries on the conflict of laws, foreign and domestic. (11. Aufl. 1883.)

Westlake-Holtzendorff, Lehrbuch des internationalen Privatrechts. (Nach der 2. engl. Aufl. 1884.)

Wharton, A treatise on the conflict of laws or private international law. 3. ed. von G. H. Parmele. (1905.)

Griechenland.

Streit, System des internationalen Privatrechts. (Athen 1906.) Die erste und einzige systematische griechische Bearbeitung.

B. Zeitschriften:

Zeitschrift für internationales Privat- und öffentliches Recht. Begründet von F. Böhm. Herausgegeben von Dr. Theodor Niemeyer. (Neuerdings erscheinend unter dem Titel: „Zeitschrift für internationales Recht".)

Blätter für vergleichende Rechtswissenschaft und Volkswirtschaftslehre. Herausgegeben von Dr. Felix Meyer.

Zeitschrift für Völkerrecht und Bundesstaatsrecht. Herausgegeben von Professor Dr. Josef Kohler.

Journal du Droit International Privé et de la Jurisprudence comparée. Fondé en 1874 et publié par Édouard Clunet.

Revue de Droit International et de Legislation comparée. Fondée par MM. Rolin-Jacquemyns, Asser et Westlake.

— de Droit International Privé et de Droit Pénal International publiée par A. Darras.

C. Sonstige wichtige Hilfsmittel:

Quellen zum internationalen Privatrecht. (Herausgegeben von E. Zitelmann und Th. Niemeyer, 1908.)

Annuaire de l'Institut de droit international.

Actes de la Conférence de la Haye chargée de réglementer diverses matières de droit international privé. (La Haye 1893.)

— de la deuxième Conférence. (La Haye 1900.)

— de la troisième Conférence. (La Haye 1900.)

— de la quatrième Conférence. (La Haye 1904.)

Kolibri 360 GmbH
Ferdinand-Jühlke-Straße 7
99095 Erfurt, Deutschland
produktsicherheit@kolibri360.de